NOTICE

Sur M. le duc de La Rochefoucauld,

ANCIEN PAIR DE FRANCE,

MEMBRE DU CONSEIL GÉNÉRAL DE L'OISE,

Par Victor TREMBLAY.

BEAUVAIS,

IMPRIMERIE D'ACHILLE DESJARDINS, RUE SAINT-JEAN.

1856.

AVERTISSEMENT.

Il est dans le caractère français d'aimer à honorer les illustrations du pays. Aussi voit-on, depuis quelques années, les villes, les bourgs, et même les moindres communes, s'animer d'une noble émulation et d'un ardent patriotisme pour éterniser, par l'érection de monuments, le souvenir de personnages qui, y étant nés ou y ayant résidé, s'y sont rendus utiles en même temps qu'ils ont servi la France.

Le département de l'Oise serait fier de compter dans ce nombre de localités reconnaissantes, le bourg de Liancourt, qui ne doit son importance qu'aux bienfaits que le vénérable duc de La Rochefoucauld y a multipliés avec un désintéressement sans exemple.

C'est dans l'espoir fondé que ce bourg s'acquittera, dans un avenir prochain, d'un devoir aussi sacré que nous publions aujourd'hui la Notice ci-annexée, rédigée peu de temps après la mort de cet illustre citoyen. Nous y ajoutons quelques renseignements obtenus depuis cette époque sur sa vie et sur les avantages produits par ses précieux travaux, dont on conservera un éternel souvenir.

Il nous est agréable, d'ailleurs, de rendre cet hommage public à celui qui a honoré notre famille de son estime. Nous n'aurions pu manquer d'en faire le Portrait, et de le placer au premier rang dans notre GALERIE HISTORIQUE des personnages qui se sont distingués dans le département de l'Oise par de belles actions (1).

---

(1) M. le duc de La Rochefoucauld, qui venait souvent à Senlis, aimait à visiter l'établissement de M. Tremblay père, où plusieurs de ses ouvrages ont été imprimés.

NOTICE HISTORIQUE

SUR M. LE DUC DE LA ROCHEFOUCAULD,

ANCIEN PAIR DE FRANCE,

Membre du Conseil général de l'Oise, Propriétaire à Liancourt.

•━━━◦◯◦━━━•

LA ROCHEFOUCAULD (François-Alexandre-Frédéric, le duc de), né à la Roche-Guyon le 11 janvier 1747, mourut à Paris le 28 mars 1827, à l'âge de 80 ans. Son corps fut transféré de son hôtel à Liancourt et inhumé dans le lieu qu'il avait lui-même indiqué, au milieu de son parc.

Cet homme célèbre succéda fort jeune à son père, le *duc d'Estissac*, dans la charge de grand-maître de la garde-robe que ce dernier exerçait auprès de Louis XV, et devint en même temps possesseur du beau domaine de Liancourt, dont il prit le titre. Il fut l'un des jeunes seigneurs les plus considérés à la cour, où d'ailleurs les honneurs lui arrivaient par droit d'hérédité. Il n'avait que dix-huit ans lorsqu'il épousa l'aimable et spirituelle Félicité-Sophie DE LANNION, qui fut admise chez la Reine, en qualité de dame d'honneur, le 17 mars 1763.

C'est à vingt-trois ans que le jeune duc obtint, comme colonel, le commandement du régiment sous son nom. Déjà il s'était prononcé en économiste un peu philosophe contre le système gouvernemental que venait de proposer le chancelier *de Maupeou*; il avait gagné, sous ce rapport, l'amitié du Dauphin (depuis Louis XVI). Mais il faut dire que l'entourage de Louis XV ne pouvant convenir à ses goûts pour les sciences, ni à l'élévation de son esprit, il consacra ses moments de loisir à d'utiles voyages, à des études sérieuses et à la fréquentation des hommes instruits, quelle que fût leur position sociale.

Alors le jeune duc de Liancourt, qui avait toujours été accueilli comme un fils par le *duc de Choiseul*, fut entièrement dévoué à ce ministre pendant son exil. Ses visites fréquentes au duc lui ayant attiré le mécontentement du Roi, il profita de sa disgrâce pour aller habiter la terre de Liancourt à laquelle il s'attacha, et qui devint, dès ce moment, le rendez-vous de toutes les notabilités de la France et des pays étrangers. De cette époque datent les bienfaits que le duc n'a cessé de répandre, pendant sa longue carrière, sur les habitants de sa commune et de son canton.

On sait que ses soins eurent d'abord pour objet l'amélioration de l'agriculture. Profitant des documents recueillis dans ses voyages, il établit à Liancourt une ferme anglaise, donna le premier exemple de la culture des prairies artificielles, de celle des racines tubéreuses, de l'acclimatation des bestiaux suisses et anglais. Il enrichit les habitants du pays en louant ses terres en détail, et consacra sa ferme de *la Montagne* à la création d'une école des arts et métiers pour l'instruction des fils pauvres des militaires. Cette école est devenue le berceau de celles que le gouvernement ouvrit plus tard, et le bel exemple qu'il donna fut suivi par le Roi d'Angleterre, qui fonda une maison semblable à Londres.

Survint le règne de Louis XVI, qui le rappela à la cour, où il ne restait que le temps nécessaire à l'exercice de sa charge de *grand-maître de la garde-robe*. Lié avec les ministres *Turgot*, *Malhesherbes* et *Necker*, il devint l'ami véritable du Roi, et fut chargé de toutes les mesures d'améliorations et de bienfaisance qui marquèrent les premières années d'un règne, dont la triste fin fut si funeste à la France.

Lorsque le duc de Liancourt fut élu député de la noblesse

aux Etats-Généraux pour le bailliage de Clermont, en Beauvaisis, il prit une part très active aux travaux de cette Assemblée, et se montra aussi dévoué au Roi que zélé pour les intérêts du peuple. Il adopta avec une conviction profonde l'opinion
de ceux qui désiraient que le Roi acceptât franchement la révolution politique, devenue inévitable, afin d'en régler la
marche et les effets. Il concourut à la conversion des Etats
en Assemblée constituante, et professa dès-lors les principes
de la Monarchie constitutionnelle. Président de l'Assemblée le
18 juillet 1789, membre du comité de constitution, de celui de
mendicité, il y fit de nombreux rapports sur les hôpitaux,
sur les établissements publics; il s'y montra constamment l'un
des défenseurs les plus courageux de toute constitution monar-
chique représentative, et l'un des membres les plus éclairés
sur ce qui touchait aux intérêts administratifs et commerciaux.
Le département de l'Oise lui doit sa création et l'organisation
qu'il a conservée jusqu'à ce jour.

Quoique s'occupant de travaux politiques, il n'en continua
pas moins de doter la terre de Liancourt des améliorations
de tout genre. C'est ainsi qu'il y établit en 1790 une filature
de coton à la mécanique et une fabrique de cardes.

La dissolution de l'Assemblée constituante changea la position du duc de Liancourt. En qualité de lieutenant-général
des départements de Normandie et de Picardie, il fit de
vains efforts pour résister à la fatalité des circonstances, et
fut obligé de se dérober aux assassins envoyés contre lui par
la commune de Paris. On sait qu'il contribua au rappel de
Necker après la prise de la Bastille; qu'il appartînt au club
des Feuillants dont il fut l'un des membres les plus actifs,
et qu'il fut l'un des défenseurs les plus dévoués de Louis XVI,
auquel il offrit, après la clôture de l'Assemblée, un asile qui
fut refusé.

On a toujours reproché à M. de Liancourt d'avoir fait partie
du côté gauche de l'Assemblée nationale; mais l'on trouve

dans les Mémoires particuliers de M. *Bertrand-Molleville*, l'extrait d'une conversation qu'il eut à ce sujet avec le duc de La Rochefoucauld et que nous croyons devoir rapporter.

« Vous avez peut-être cru, comme beaucoup d'autres,
» disait M. de Liancourt, que j'étais démocrate, parce que
» j'ai été du côté gauche; mais le Roi qui a connu jour par
» jour mes sentiments, ma conduite et mes motifs, et qui les
» a toujours approuvés, sait mieux que personne que je n'é-
» tais pas plus démocrate qu'aristocrate, mais que j'étais
» tout uniment un franc et loyal royaliste; il n'ignorait pas
» que je n'aurais pu lui être d'aucune utilité en me plaçant
» dans le côté droit, parce qu'un individu de plus ou de moins
» ne l'aurait rendu ni plus fort ni plus faible, tandis qu'en
» gagnant la confiance du côté gauche, j'étais à portée d'être
» plus tôt informé des complots ou des manœuvres qui pou-
» vaient se tramer, et d'en instruire Sa Majesté. Je ne vous
» dirai pas que je n'aie désiré plusieurs réformes que je
» croyais utiles, mais je n'ai jamais voulu une révolution; et
» quoique je fusse toujours placé du côté gauche, je défie
» qu'on puisse dire que j'aie jamais appuyé une motion vio-
» lente, ou que je me sois jamais levé pour faire passer un
» décret contraire aux véritables intérêts du Roi, ou à son
» autorité que j'ai toujours distinguée de l'abus que pouvait
» en faire un Ministre. »

Le duc de Liancourt, qui fut destitué après le 10 août 1792, se réfugia d'abord en Angleterre, où il prit le titre de duc de La Rochefoucauld, devenu libre par la mort de son cousin le duc *Louis-Alexandre*, arrêté et massacré à Gisors le 14 septembre 1794; puis il passa aux Etats-Unis, où il rédigea des observations fort intéressantes sur ce pays. Il visita ensuite la Hollande, le Danemarck, sollicitant partout sa rentrée dans sa patrie. Pendant son exil, il correspondit secrètement avec de hauts personnages sur la situation des affaires politiques de la France.

Il existe de cette correspondance dans la précieuse collection que possède M. *Mathon*, membre de la Société Académique de l'Oise, correspondant du Ministère de l'Instruction publique pour les travaux historiques, une suite d'autographes fort intéressants, qui furent vendus après la mort du duc, et qu'un heureux hasard a fait retrouver, il y a peu d'années, par cet amateur distingué.

On conçoit que le duc de La Rochefoucauld, qui avait connaissance de ce qui se passait en France, cherchât les moyens de devancer l'époque où il fut permis aux émigrés d'y rentrer. Il y revint sous la protection de M. *Talleyrand*. BONAPARTE, premier consul, l'autorisa, après le 18 brumaire, à aller habiter sa propriété de Liancourt, qui lui fut restituée par le domaine, comme s'il n'avait point émigré. A son retour, il dota son pays de la vaccine dont il avait apporté le spécifique, et qu'il propagea à force de sacrifices pécuniaires et de persévérance. Il reprit aussi la direction des manufactures qu'il avait fondées et dont le produit devait réparer un peu le grave échec que la révolution et son exil avaient fait subir à sa fortune.

Peu de temps après sa rentrée dans la terre de Liancourt, il y exécuta, comme propriétaire, fermier, cultivateur et manufacturier, tout ce que ses lectures, ses voyages, la fréquentation des hommes lui suggérèrent d'utile ; il perfectionna toutes les espèces de culture, soigna les plus belles races d'animaux, et répandit chez ses voisins les nouveaux procédés d'agriculture ; il leur inspira pour leur état l'amour qu'il éprouvait lui-même, les aida de ses conseils, de ses moyens et de ses exemples.

M. *Cambry*, premier préfet de l'Oise, dans sa description de ce département qu'il publia en 1803, a dit : « Si chaque » canton de la France possédait un homme aussi tourmenté » de l'amour du bien, faisait pour l'opérer d'aussi grands » sacrifices, la terre de France, aidée dans sa fécondité natu-

» relle par tous les moyens de l'industrie, effacerait bientôt
» les récits vrais, quoique étonnants, de la prospérité de l'a-
» griculture en Angleterre. »

Il est à remarquer que sous le Consulat et l'Empire, le duc
de La Rochefoucauld, quoique lié avec les hommes qui occu-
paient les plus hautes fonctions de l'Etat, s'abstint de toute
participation aux affaires politiques. Il refusa le portefeuille
du commerce et des manufactures, à la création de ce ministère en 1811, et n'accepta que des emplois gratuits relatifs
aux établissements de bienfaisance et d'utilité publique.

C'est ainsi qu'il devint successivement Président du Comité
de Vaccine, Membre du Conseil des Hospices de Paris,
Inspecteur-général du Conservatoire des Arts et Métiers,
Administrateur de l'École de Châlons, Membre du Conseil
général des Manufactures, du Conseil d'Agriculture et Membre
du Conseil général du département de l'Oise.

En 1814, le duc de La Rochefoucauld fit partie de la
Chambre des Pairs, et y rentra à la seconde restauration ; il
ne cessa d'y soutenir jusqu'à sa mort les principes fondamen-
taux de la monarchie constitutionnelle, en même temps qu'il
continua à s'occuper des prisons, des hospices, des manufactures et de tout ce qui intéressait la classe indigente.

Cependant une ordonnance du roi, en date de juillet 1825,
lui enleva sept des fonctions philantropiques qu'il remplissait
gratuitement depuis vingt-trois ans, y compris celles de con-
seiller général de l'Oise. Deux ans après, on supprima le comité
de vaccine. Des mesures empreintes d'une semblable brutalité
ne pouvaient atteindre le duc de La Rochefoucauld qui savait,
comme il le disait lui-même, par sa propre expérience et par
celle de sa maison, *qu'on peut jouir de l'estime publique
quoiqu'étant mal à la cour.*

Il publia alors un Mémoire pour démontrer que la transla-
tion de l'école de Châlons à Toulouse, à l'occasion de laquelle
on l'avait révoqué, serait destructive pour cet établissement,

Ses observations parurent tellement fondées que le déplace-
ment ne fut pas réalisé : ainsi il se vengea de procédés déplorables, par un nouveau service. Il poursuivit dans la dernière période de sa vie, l'exercice d'une bienfaisance qu'aucune injustice ne pouvait lasser, mais il fut obligé de faire le
bien en secret, et de dérober à une inquisition malveillante
la part qu'il ne cessa de prendre à tous les établissements
utiles, dont la création lui était due en grande partie.

Tout le monde est d'accord pour reconnaître et publier
que c'est à M. le duc de La Rochefoucauld qu'on est redeva-
ble de la plupart des améliorations qui ont été introduites en
France, pendant un demi-siècle, dans le régime des hospices
et des prisons; qu'on doit également à son influence la création du Conservatoire des Arts et Métiers, celle des écoles de
Châlons, la méthode de l'enseignement mutuel appliquée à
l'instruction élémentaire, l'institution des Caisses d'épargnes,
et de plus l'introduction de la vaccine, qui mit fin aux rava-
ges de la petite vérole, cruel fléau qui décimait l'humanité.

Le duc de La Rochefoucauld, qui mourut le 28 mars 1827,
à l'âge de quatre-vingts ans, avait conservé la plénitude de ses
facultés intellectuelles, quoiqu'on pût remarquer chez lui
l'affaiblissement de toutes les forces extérieures. M. *Feutrier*,
évêque de Beauvais, l'assista dans ses derniers moments; il
reçut tous les sacrements de l'église avec des témoignages qui
indiquaient que l'illustre duc n'avait jamais oublié les lois di-
vines du christianisme.

Tel fut le grand homme que la France perdit en 1827. On
se rappelle avec autant d'indignation que de regrets ce qui
se passa au moment de ses funérailles. Le savant M. *Graves*,
ancien secrétaire général de la Préfecture de l'Oise, actuelle-
ment directeur général des forêts, dans son travail statistique
sur le canton de Liancourt, publié en 1837, s'exprime ainsi
à ce sujet :

« Les funérailles de M. le duc de La Rochefoucauld furent

» troublées par le plus détestable attentat. Son cercueil fut
» jeté dans la fange ; ni l'âge, ni le rang, ni les services ren-
» dus ne furent respectés, et l'on blessa tous les sentiments
» religieux et sociaux, pour outrager la mémoire d'un des
» hommes les plus utiles et les plus vertueux dont le pays
» puisse s'honorer. On a déjà oublié que cette action infâme
» demeura sans châtiment ; elle est restée sans réparation
» jusqu'à ce jour, et l'on chercherait en vain dans le dépar-
» tement de l'Oise et dans la France le plus simple monument
» élevé au souvenir de cet illustre citoyen. »

On sait que c'est peu de temps après les déplorables scènes
dont le cercueil de M. le duc de La Rochefoucauld fut l'objet,
que M. le *duc de Doudeauville*, son parent, résigna ses fonctions de ministre de la maison du roi Charles X.

De tous les éloges funèbres, le plus honorable, sans contre-
dit, fut ce concours de regrets qui s'éleva à la mort de cet
homme célèbre. Tout en les exprimant, les uns se plaisaient
à rendre hommage à sa droiture et à sa loyauté ; les autres à
la fermeté et à la sagesse de ses principes ; d'autres encore à
sa capacité dans les affaires et à son excellent jugement ; tous
s'accordaient enfin pour vanter son affabilité et le charme
que l'on éprouvait dans ses rapports avec lui ; mais c'est sur-
tout dans les demeures les plus modestes et les plus obscures
que se répétait son éloge, et que les pauvres et les malheureux, en déplorant sa perte, s'entretenaient de son bon cœur
et des actes journaliers de sa bienfaisance et de sa charité.

Après avoir énuméré les éminents services et les précieuses
qualités de M. le duc de La Rochefoucauld, nous formons des
vœux pour qu'*il soit érigé un monument à sa gloire*. Le département de l'Oise ne saurait se montrer trop reconnaissant en-
vers lui. Les grandes existences sont rares, et le pays auquel
elles ont été plus particulièrement consacrées, ne pourrait,
sans ingratitude et sans s'attirer un blâme universel, les con-
damner à l'oubli. Nous l'espérons donc, une statue sera élevée

bientôt sur la place principale de Liancourt, comme hommage rendu aux nombreux bienfaits du duc et à sa mémoire.

M. le duc de La Rochefoucauld, qui fut décoré par Louis XVI, le 30 mai 1784, de l'Ordre de Mérite du *Saint-Esprit*, créé par Henri III en 1598, reçut à l'époque de l'Empire, sous lequel il n'exerça aucune fonction lucrative, la croix de la Légion-d'Honneur. Depuis, il resta toujours dans une position d'indépendance digne de ses belles actions.

On doit à M. le duc de La Rochefoucauld un grand nombre d'ouvrages sur des objets d'administration publique, parmi lesquels on distingue ceux ci-après indiqués :

PLAN D'UN TRAVAIL SUR L'EXTINCTION DE LA MENDICITÉ EN FRANCE, présenté à l'Assemblée nationale ; ouvrage résumant toutes les idées anglaises à ce sujet.

DES PRISONS DE PHILADELPHIE, résumant les premières idées sur le triste emprisonnement cellulaire ; volume in-8°, publié en 1796 et réimprimé en 1819.

VOYAGES DANS LES ETATS-UNIS, faits de 1793 à 1799 ; huit volumes in-8°, 1800. Ses observations ont été remarquées, en Amérique même, comme un tableau exact de ce pays.

ETAT DES PAUVRES, OU HISTOIRE DES CLASSES TRAVAILLANTES DE LA SOCIÉTÉ EN ANGLETERRE, volume in-8°, publié en 1806.

NOTES INSTRUCTIVES SUR LA LÉGISLATION ANGLAISE DES CHEMINS, et sur l'impôt territorial en Angleterre ; un volume in-8°, publié en 1801.

RECUEIL DE MÉMOIRES SUR LES ÉTABLISSEMENTS D'HUMANITÉ, traduit de l'anglais ; in-8°, 1802.

SYSTÈME ANGLAIS D'INSTRUCTION, OU RECUEIL COMPLET DES AMÉLIORATIONS ET INVENTIONS MISES EN PRATIQUE AUX ÉCOLES ROYALES EN ANGLETERRE ; un volume in-8°, 1815.

STATISTIQUE INDUSTRIELLE DU CANTON DE CREIL, à l'usage des manufacturiers de ce canton ; un volume in-8°, imprimé à Senlis en 1826.

ANECDOTE

SUR L'ÉVASION DU DUC DE LA ROCHEFOUCAULD,

au Crotoy, près d'Abbeville (Somme).

La fuite de M. de La Rochefoucauld en Angleterre, après le
10 août 1792, donna lieu à une anecdote fort intéressante et
peu connue, qui a été rapportée dans la *Revue de la Picardie*
par M. *Praroud,* secrétaire de la Société d'émulation d'Abbeville. Nous en avons extrait ce qui suit :

Ce fut par Abbeville que le duc partit pour l'Angleterre. Il se confia
dans cette ville à M. *Du Bellay,* chef alors de l'amirauté, et depuis
juge au tribunal de première instance d'Abbeville. L'honnête et bien-
veillant M. Du Bellay, prenant part à la position pénible du duc, le
fit déguiser en matelot et le conduisit lui-même au Crotoy, petit port
de mer peu éloigné d'Abbeville, chez M. *Delahaye,* employé de l'amirauté, et en qui il savait pouvoir se confier.

Après bien des démarches faites pour trouver un marin, patron
d'un bâtiment plat prêt à partir, un homme sûr et dévoué, on s'a-
dresse à Nicolas *Vadunthun,* bon pilote, qui chargeait pour Boulogne,
mais avec lequel on prit des arrangements bien cimentés, de concert
avec le capitaine du sloop, pour mener le duc en Angleterre.

Enfin, le moment du départ arriva ; déjà les caisses du duc avaient
été transportées, par une voie détournée pour tromper la vigilance de
la douane, dans la petite embarcation de Jean *Raymond,* qui devait
rejoindre le sloop en mer, ce qui avait été convenu, particulièrement
avec Nicolas Vadunthun. On allait mettre à la voile, M. de La Rochefoucauld avait revêtu son costume de marin, non par crainte des habitants, mais de la douane. Quatre familles du Crotoy savaient tout ; un
plus grand nombre n'ignoraient pas qu'un noble s'était réfugié chez
M. Delahaye, qui, connaissant parfaitement l'esprit de la population,
avait répondu au duc de la complicité au moins tacite de tous. On peut

dire que le silence des habitants du Crotoy et leur retenue favorisèrent l'embarquement du duc de La Rochefoucauld. Il y avait alors au Crotoy, et il y a encore dans cette petite ville, des habitants nobles et généreux.

Les adieux étaient faits lorsque le capitaine du sloop entra ; il vint dire qu'il ne pouvait prendre le passager à son bord, sans s'exposer aux plus graves inconvénients. On comprit le motif réel de son allégation, et on leva là difficulté en ajoutant un supplément à la somme déjà donnée ; alors les adieux furent renouvelés et pour la dernière fois. Le duc remercia avec effusion M. Delahaye de sa bonne hospitalité et des soins qu'il avait reçus de lui. Enfin, tirant de sa poche la moitié d'une carte à jouer coupée en zig-zag (l'as de cœur) : « Lorsqu'on vous » apportera la moitié de cette carte, dit-il à M. Delahaye, vous direz » que je suis sauvé ; et je vous prie de la faire passer à Madame de La » Rochefoucauld ; elle demeure au château de Crevecœur. »

Il était nuit, Nicolas Vadunthun s'achemina vers le port avec le duc qui est pris par la douane pour un matelot de bord. L'ancre est levée, et le sloop fait route pour l'Angleterre. A un mille à peine, une petite embarcation aborde le navire ; c'était la chaloupe de *Jean Raymond* qui apportait les caisses du duc.

L'exactitude de cet honnête marin fit courir de nouveaux dangers au duc, à celui dont le sort avait été confié aux habitants du Crotoy.

Les matelots du bord, dont pas un seul n'était fils du port d'où l'on sortait, soupçonnèrent un trésor dans ces caisses. Assurés de l'impunité, à cette époque de révolution et de proscription, les malheureux conçurent le projet de tuer le passager, supposé porteur de richesses, et de le dépouiller avant d'arriver en Angleterre. Ce projet est sourdement discuté ; mais avant qu'il n'éclate, Nicolas Vadunthun qui avait remarqué et entendu, saute dans la chambre du capitaine où M. de La Rochefoucauld s'abandonnait aux pensées d'un homme qui quitte sa patrie, sa fortune, ses amis pour des jours sans nombre. « Monsieur, lui dit-il, on veut vous tuer ; mais ne craignez rien, je » suis assez brave pour vous défendre. »

Aussitôt il s'empare des pistolets du duc déposés sur la table, et debout sur le pont, un pistolet dans chaque main, prêt à faire feu : « Malheur, s'écrie-t-il, à qui m'approche ! malheur à qui fait la » moindre démonstration ! malheur à qui n'obéit pas au moindre » commandement ! » La peur saisit l'équipage et fait exécuter les manœuvres avec précision ; le navire vogue vers l'Angleterre, et le pilote Vadunthun garde son attitude menaçante jusqu'à ce qu'une des chaloupes anglaises qui couraient en tout sens dans l'espoir intéressé de recueillir quelques Français fugitifs, ait accosté le sloop.

Le maître de l'embarcation anglaise en abordant le sloop demande trois cents francs pour transporter le passager ; Nicolas Vadunthun, voulant veiller jusqu'à la fin sur les intérêts même pécuniaires du duc qui ne paraît pas dans la discussion, offre cent cinquante francs, et le maître de la chaloupe voyant s'approcher une autre embarcation qui courait dans le même dessein que la sienne, se hâta d'accepter.

Une demi-heure après, M. de La Rochefoucauld débarquait heureusement en Angleterre, tout en regrettant de quitter la France.

Nicolas Vadunthun n'avait pas songé un seul instant à son propre péril lorsqu'il se trouverait exposé sans armes au ressentiment des conspirateurs déçus; mais ces hommes, honteux de leur pensée de crime ou de leur lâcheté, continuèrent de manœuvrer sans souffler mot, et quelques heures après la descente du duc en Angleterre, le sloop entrait dans le port de Boulogne, sa première destination.

Aussitôt débarqué, Nicolas Vadunthun se hâta de revenir au Crotoy. Avant d'embrasser sa femme, il porta à M. Delahaye la moitié de l'*as de cœur* que M. de La Rochefoucauld lui avait remise en posant le pied sur la chaloupe anglaise; il revint alors dans sa maison et dit en entrant : « Femme, je viens de me conduire en honnête homme, et » si un jour les temps changent, nous serons honorés. »

Dans la *Revue littéraire de la Picardie*, n° 5, du 15 mai 1855, nous trouvons la copie d'une lettre *autographe* adressée au Ministre de la marine par le duc de La Rochefoucauld, le 23 septembre 1819, qui justifie authentiquement ce que nous avons rapporté de l'article de M. *Praroud*.

> « Monsieur,
>
> » Permettez-moi d'avoir l'honneur de vous adresser une lettre que
> » je reçois d'un pauvre homme du Crotoy qui m'a donné asile en
> » 1792, dans le moment où ma tête était à prix. Je ne sais à quel
> » point est fondée la réclamation qu'il fait pour ses enfants, mais je
> » sais que je m'y intéresse beaucoup; que j'ai le droit d'être son avo-
> » cat, et que je vous serai sensiblement obligé de tout ce qu'il vous
> » sera possible de faire pour lui.
>
> » Agréez, Monsieur, l'assurance de mon sincère attachement et de
> » ma haute considération.
>
> » *Signé :* Le Duc DE LA ROCHEFOUCAULD.
>
> » 23 septembre 1819. »

On voit par cette lettre que le duc de La Rochefoucauld conservait toujours un souvenir reconnaissant de ceux qui avaient, au péril de leurs jours, favorisé son évasion de la petite ville du Crotoy.

Victor TREMBLAY,

Membre titulaire de la Société Académique de l'Oise et de la Société des Antiquaires de Picardie.

INDICATION DES PRINCIPAUX OUVRAGES

Composés par M. Victor TREMBLAY.

DICTIONNAIRE POÉTIQUE, contenant les plus beaux passages des meilleurs poètes français tant anciens que modernes, sur plus de 6,000 sujets, classés par ordre alphabétique et revêtus des noms de tous les auteurs. Il comprend 12 forts volumes in-4°, dont le prospectus imprimé fait connaître l'importance de ce grand Recueil, qui offre une mine inépuisable de sujets propres à orner la mémoire et à inspirer le goût de la bonne poésie. (On peut en prendre communication chez l'auteur.)

MANUEL DU MORALISTE, ou Recueil des plus belles pensées morales, extraites du *Dictionnaire poétique* du même auteur; ouvrage en deux volumes édité par *Roret*, libraire à Paris. (Se vend à la librairie d'Emile Tremblay.)

HISTOIRE DE NAPOLÉON BONAPARTE, ou Tableau chronologique des événements les plus remarquables qui se sont passés en France, depuis l'entrée de cet illustre guerrier dans la carrière militaire, ainsi que des détails fort curieux sur sa vie privée, jusqu'à son décès à l'île Saint-Hélène; Ouvrage rédigé d'après des documents authentiques; manuscrit formant un volume in-4°, dont l'auteur a fait hommage à la bibliothèque de la ville de Beauvais en 1851.

DICTIONNAIRE GÉOGRAPHIQUE, STATISTIQUE ET HISTORIQUE des villes, bourgs et communes du département de l'Oise; 4 volumes in-4°; Ouvrage qui a obtenu les suffrages du Conseil général. — Analyse raisonnée de ce Dictionnaire, rédigée en 1855; un fort volume in-4°, divisé par ordre d'arrondissements et de cantons.

HISTOIRE abrégée de la ville de Beauvais et de ses environs, contenant d'intéressants renseignements statistiques et historiques; un volume in-8°, publié en 1848 et orné de plusieurs gravures. (Se vend à la librairie d'Emile Tremblay, à Beauvais.)

RECHERCHES concernant les anciens *Châteaux fortifiés* et les *Antiquités* qui existaient, avant 1790, dans plus de 400 communes du département de l'Oise; manuscrit grand in-4°, soumis à l'examen du Conseil général en 1848.

HISTOIRE de la ville de Senlis, renfermant des détails circonstanciés sur tout ce qui s'est passé dans cette ancienne cité, depuis 510 jusqu'en 1852, etc.; un gros volume in-4°. — L'auteur en a fait don à la ville de Senlis, lieu de sa naissance.

PIERREFONDS, ancien et moderne: Ouvrage contenant des détails forts curieux sur les divers monuments qui existent encore dans ce bourg et ses dépendances; un volume in-8°, publié en 1853. (Se vend à la librairie d'Emile Tremblay.)

GALERIE HISTORIQUE des hommes honorables décédés dans le département de l'Oise, ou qui l'ont habité depuis les temps les plus reculés jusqu'à nos jours, qui se sont fait remarquer par de belles actions ou des travaux utiles, et dont les noms méritent d'être rappelés au souvenir de la génération actuelle; 4 volumes in-8°, renfermant près de mille Notices plus ou moins étendues.

RENSEIGNEMENTS sur les principaux Ouvrages, *manuscrits* ou *imprimés*, qui traitent de l'histoire du Beauvaisis, des anciennes Provinces de la Picardie et autres pays du département de l'Oise, depuis l'an 600 jusqu'en 1855; un volume in-4°; Ouvrage présenté en 1856 à la Société Académique pour en faire l'examen.

ABRÉGÉ DE L'HISTOIRE DES ÉVÊQUES DE BEAUVAIS, depuis l'an 250 jusqu'en 1855, renfermant des détails intéressants sur chacun des prélats qui ont gouverné le diocèse; Ouvrage suivi de Notices historiques sur les ecclésiastiques distingués de l'église de Beauvais, décédés depuis 1792 jusqu'en 1856, manuscrit formant un volume in-4°, que l'auteur a donné à la Société Académique pour sa bibliothèque.

HISTOIRE des rues de Beauvais, des places, des anciens remparts transformés en boulevards, et des faubourgs de cette ville, offrant de curieux renseignements sur ce qui y a existé et sur ce qu'on y remarque à présent; Travail, dressé par ordre alphabétique, que l'on peut considérer comme neuf en ce genre. Un volume in-4°.